NOUVELLE DÉNONCIATION

DE

M. MARAT,

L'AMI DU PEUPLE,

CONTRE

M. NECKER,

PREMIER MINISTRE DES FINANCES,

OU

SUPPLÉMENT

A LA DÉNONCIATION D'UN CITOYEN,

CONTRE

UN AGENT DE L'AUTORITÉ.

Vitam impendere vero.

A PARIS,

Chez Rozé, rue des Prêtres S. Severin, N°. 8.

1790.

NOTICE DE L'AUTEUR

Ce [illegible] Dénonciation de M [illegible] dition militaire (1) faite [illegible] janvier 1790. Quoi que son [illegible] écoulé, il ne viendra pour long [illegible] tant que l'humanité [illegible] éclairer l'administration [illegible] sur sa milice [illegible] des affaires.

Il considère [illegible] participations [illegible] prendre superflu [illegible] bre, & il [illegible] s'apperçoit que [illegible] yeux.

____

NOTICE DE L'AUTEUR.

CET Ecrit auroit suivi de très-près ma Dénonciation de M. Necker, pour l'expédition militaire (1) faite contre moi le 22 janvier 1790. Quel que soit l'intervalle écoulé, il ne viendra point trop tard tant que l'homme dont il est destiné à éclairer l'administration, sera au timon des affaires.

Il contient des preuves juridiques des inculpations du ministre des finances : preuves superflues pour le lecteur qui sait lire, & indispensable pour le lecteur qui n'apperçoit que les objets qu'il a sous les yeux.

---

1) Tout le monde fait que la municipalité, ou plûtôt le ministre des finances, mit fous les armes douze mille hommes pour me faire enlever : par cette belle équipée, on peut sentir à quel point il redoutoit le peuple, dont je ne ceffois de défendre les droits.

Je ne doute nullement que des citoyens sans civisme ne taxent d'acharnement mon zele à poursuivre M. Necker; & je me piquerois moi-même moins de constance, si je connoissois moins son caractere ; je conviens qu'il ne seroit pas aisé de le remplacer du côté des lumieres: rarement trouveroit – on un administrateur aussi instruit, aussi appliqué, aussi versé dans les affaires : mais dans les circonstances actuelles, c'est précisément sa capacité qui m'allarme : ce sont les ressources de l'esprit, la finesse, la subtilité, l'audace, la tenacité, qui rendent un premier ministre redoutable, quand il n'est pas animé de l'amour du bien public.

Assurément on n'enchaînera plus le peuple par la force : mais après tout ce qu'il a fait pour recouvrer sa liberté, après les dangers auxquels il s'est exposé tant de fois, les fatigues incroyables qu'il a essuyées, la disette qu'il a soufferte si long-

temps, il seroit affreux qu'il vint à perdre
le fruit de tant de sacrifices, par l'astuce
des hommes qui tiennent les rênes de l'Etat.
Ils ne cessent de redemander le pouvoir
exécutif, pour resserrer les liens de l'autorité, comme si c'étoit quelques mois de
plus de relâchement, de souffrances, de
misères, qui doivent empêcher la nation
d'aller, avec sagesse, à son but. Le plus
grand malheur qui puisse lui arriver, est
de voir réduire en fumée les préparatifs
de la régénération de l'empire, de voir les
anciens ressorts du gouvernement se re-
monter. Et s'il est vrai qu'il y a de la fo-
lie à prétendre que le cabinet soit com-
posé d'amis de la patrie, qui joignent les
vertus aux talens ; ce qui peut lui arriver
de plus heureux jusqu'à ce que la liberté
publique soit assurée, c'est d'avoir à la
tête du ministère, des hommes sans fer-
meté, sans tenue, sans vues, sans capacité, des hommes incapables d'empêcher
la machine politique de s'organiser de la
manière la plus propre à faire triompher

la justice, à ramener l'abondance (1) & à cimenter le bonheur commun.

(1) On parle de remplacer M. Necker par M. Claviere, autre agioteur génevois, dont quelques charlatans intéressés ne cessent de prôner les talens, mais qu'il importe souverainement d'écarter du timon des affaires : il commenceroit par nous fasciner de quelque nouveau projet, & finiroit par épuiser nos dernieres ressources. Je le répete, ce n'est qu'en tranchant dans le vif, en réduisant l'armée de moitié, en supprimant toutes les pensions accordées aux hommes qni ont de la fortune ; en reformant toutes dépenses superflues dans chaque département de l'administration, & en simplifiant la gestion des deniers publics, que l'Etat peut revenir au-dessus de ses affaires. On dit que les sources de l'abondance sont taries : je n'en crois rien ; faites voir au peuple que vous voulez sincèrement son bien, & il s'empressera de venir à votre secours.

NOUVELLE
DÉNONCIATION
DE
M. MARAT,
L'AMI DU PEUPLE,
CONTRE
M. NECKER,

PREMIER MINISTRE DES FINANCES.

———

Lorsque j'ai accusé M. Necker (1) d'avoir amené
sur la France les fléaux de la disette & de la con-
tagion (2), en réduisant ses malheureux habitans
à la cruelle nécessité de se nourrir d'un aliment
gâté, dont ils ne peuvent pas même appaiser leur
faim : lorsque j'ai accusé la municipalité Parisienne

———

(1) Voyez les numéros 12, 15, 22, 25 & 26 DE L'AMI DU
PEUPLE.

(2) Dans le nombre, il en est une qui équivaut aux preuves
directes les plus palpables ; c'est que la disette & la mauvaise
qualité du pain, qui n'avoient pour prétexte que la rareté du
bled, durent encore malgré la derniere récolte ; récolte si abondante qu'elle suffiroit seule à l'approvisionnement du Royaume
pendant deux années.

d'avoir connivé avec le miniftre des Finances, &
de lui prêter l'appui de la force publique , pour
confommer ces forfaits odieux , je n'avois en preuve
de fes malverfations que des faits indirects, mais
notoires, & des inductions (1) irréfiftibles, tirées
de la marche des affaires comparée aux événe-
mens : inductions toujours sûres pour l'obferva-
teur qui connoît les refforts de la politique , le
jeu des paffions humaines, les rubriques des agens
de l'autorité.

Dès-lors , des zélés citoyens m'ont fourni des
preuves juridiques à l'appui de mes inculpations.
Ces preuves font développées dans différentes
lettres authentiques , qui fe trouvent fous les fcel-
lés de mon appartement : elles font de nature à
déciller enfin les yeux d'un peuple abufé. Je
fens tout le poids qu'elles donneroient à cet écrit :
mais le temps preffe ; & fi je me détermine à le
mettre au jour, c'eft que plufieurs faits notoires
peuvent les fuppléer ; c'eft que nos maux font à
leur comble, c'eft qu'on ne peut trop fe hâter d'y
apporter remede en profcrivant leur auteur.

De tout temps parmi nous, des miniftres, de

___

(1) Depuis cinq mois on a propofé à l'Affemblée Nationale
d'ordonner à M. Necker de repréfenter tous les traités que le
gouvernement a faits avec des compagnies au fujet des fubfiftances. Soit que l'affemblée ait négligé de faire cette demande ,
foit que le miniftre l'ait éludée , on eft encore à avoir là-deffus
le moindre renfeignement.

La préfentation de ces pieces eft indifpenfable , de même que
l'examen fcrupuleux de toutes les opérations de ce genre. Mais,
il importe que cet examen ne foit pas fait par les membres du
comité des finances, au nombre defqu   ceux qui font le travail
avec le miniftre, ne font ni les plus inftruits ni les plus définté-
reffés.

grands

grands seigneurs, des chefs de la magistrature, des employés & d'adroits frippons, ont exercé d'affreux monopoles : brigandage publics, auxquels se trouvent presque toujours intéressés des valets & des catins de la cour.

Dans le nombre des manuscrits trouvés à la bastille, il en est un qui rapporte certain pacte de famine générale, dénoncé au Roi par le nommé Prévost, que le sieur de Sartine fit renfermer après lui en avoir arraché les copies : voici les principales clauses de ce pacte exécrable. « Le 12 juillet 1765, » M. de Laverdy, donnant à bail pour douze » années consécutives le royaume de France à » trois publicains, qui prénant la qualité d'inté- » ressés dans les affaires du Roi, les autorise d'en » enlever tous les grains qu'ils pourront amasser, » & de les faire exporter où il leur conviendra. » La caisse générale rendra ses comptes chaque » année, au mois de novembre, & pour que le » ciel verse ses bénédictions sur l'entreprise les » intéressés offrent à Dieu vingt-cinq louis, » qui seront donnés aux pauvres ».

Nos trois publicains sont les sieurs Rey de Chaumont, Malisset & Goujet, prête-noms d'une multitude de seigneurs, de magistrats & d'hommes en place, bailleurs de fonds, parmi lesquels on comptoit les sieurs Laverdy, Bertin & de Sartine.

A cette compagnie a succédé celle des Leleu, pour l'entreprise des moulins de Corbeil, dans laquelle se trouvoient intéressés les sieurs le Noir, Montanni, Berthier, de Montaran, de Bussy, &c.

B

Deux mémoires du chevalier Rutledge en faveur des boulangers de Paris, contre les sieurs Leleu, avoient mis sous les yeux du public, des faits importans très-propres à dévoiler les liaisons étroites qui existoient entre le ministre des finances & la compagnie de Corbeil. Nous en rappellerons ici quelques-uns, qui ne doivent échapper à personne.

On sait que peu après son rappel, en 1788, M. Necker s'empressa de jetter l'alarme dans le public sur les dangers d'une disette prochaine, qu'il provoqua lui-même en annonçant la cherté du pain pendant une année entière. Pour que l'augure sinistre ne fût pas démenti, il s'agissoit d'empêcher les boulangers & les marchands de bled de s'approvisionner eux-mêmes, puis d'accaparer tous les grains du royaume : ce qui fut fait. A la manière dont s'y est pris le ministre adoré, on va voir s'il manque d'adresse.

D'abord il obligea les boulangers à se morfondre en allées & venues inutiles. Venoient-ils demander un ordre qui les autorisât à faire leurs provisions, il les renvoyoit à l'intendant, l'intendant les requéroit d'indiquer les marchés où ils vouloient se rendre ; s'ils refusoient, ils n'avoient point d'ordre ; s'ils consentoient, à leur arrivée, ils ne trouvoient plus de grains.

Quant aux marchands, l'artifice étoit encore plus recherché, mais non moins infaillible. Avant de partir pour les bléries (1), ils sont dans l'usage de convertir en rescriptions des fermes l'argent

____

(1) Ils nomment ainsi les marchés où ils vont faire leurs provisions.

destiné à leurs achats, ils se rendent ensuite sur
les lieux avec ces rescriptions, certains qu'elles
seront acquittées à vue. Que fait le contrôleur-
général pour assurer à ses agens le trafic exclusif
des grains, & la liberté d'y mettre le prix? Il
prend le temps où les marchands ont coutume
de faire leurs achats, donne ordre de suspendre pendant six semaines le payement des rescriptions,
& les force ainsi de s'en retourner les mains vides.

Le chevalier Rutledge venoit de soulever le
voile. Les Leleu démasqués se mirent à clabauder,
& leurs clameurs provoquerent un arrêt du conseil; arrêt sans date, sans signature, sans affiche,
sans publication, qui supprime néanmoins comme
injurieux & diffamatoires, les mémoires des boulangers. En couvrant ainsi de sa protection ces
ouvriers d'iniquité, M. Necker s'associoit à leurs
forfaits; il fit plus, il chercha à les consoler du
mépris public, par le témoignage de son estime
particuliere; & il ne craignit pas de faire voir que
ces accapareurs exerçoient leurs brigandages, &
affamoient le peuple sous les auspices de l'administrateur des finances. C'est ici le lieu de dire
un mot d'un petit trait de sa politique jésuitique,
qui fera sentir toute la profondeur de l'astuce de
cet homme de bien. Dès le 13 juillet, la municipalité parisienne s'étoit mise en possession de
l'approvisionnement de la capitale. Son comité
des subsistances, où tant d'intriguans mal famés
(1) parvinrent à s'introduire, & dont les Leleu

____

(1) Dans le nombre étoient le sieur Gallet, qui vient d'être
condamné aux galeres pour fripponneries dans sa gestion, & le
sieur de Leutre, joueur de profession, fameux par sa complai-
sance, & l'adresse avec laquelle il a fait fortune, en ruinant le

étoient l'ame, n'étoit pas fait pour inspirer la confiance : la maniere indigne dont il fit le service souleva le public contre lui; bientôt il fallut le destituer, & il fut renvoyé le 20 septembre. On le soupçonnoit violemment de malversations : on lui demanda ses comptes, il refusa de les rendre, & ce qui paroîtra incroyable, c'est que dès-lors il a été impossible de l'y amener. Cependant le ministre des finances, dans une lettre (1) adres-

---

Comte de Balbi, le Marquis de la Salle & d'autres dupes de qualité.

(1) Copie d'une lettre de M. Necker, en date du 26 septembre 1789, à MM. Leleu & compagnie, entrepreneurs des subsistances. — « J'ai vu, Messieurs, avec une véritable peine, que » vous avez été exposés à des inquiétudes & à des chagrins, » dont votre service & votre conduite auroient dû vous garen- » tir : & s'il convenoit au comité des subsistances de Paris, » de vous conserver la direction des établissemens où vous » avez donné des preuves de votre zele, je crois que vous » ne pouviez lui refuser vos soins, soyez persuadés qu'en toute » occasion, vous me trouverez prêt à vous donner des preu- » ves d'estime & d'intérêt. Signé, NECKER.

Se seroit-on douté que ces hommes intéressans pour lesquels le ministre déploye une si vive sensibilité, sont des intriguans qui, en quelques années, ont fait une fortune presqu'aussi scan- daleuse que la sienne, en pillant l'état, & en affamant le peuple ! Des richesses immenses acquises par des voies crimi- nelles, ne sont pas le seul titre à l'estime de l'administration des finances : l'analogie de caractere est un autre lien de rappro- chement : analogie si frappante, que le mémoire justificatif des freres Leleu paroît être sorti de la boutique de l'agioteur Genévois ; par-tout même protestation de dévouement au public qu'ils immole, par-tout même profession de dé- sintéressement au public qu'ils dépouille, par-tout même désir d'assurer l'abondance au public qu'ils affame, par-tout même charlatanisme : citons en quelques passages. — « Les » moulins & magasins de Corbeil n'offroient pour tout appât » au spéculateur que l'intérêt de ses fonds : mais à côté d'un » aussi médiocre bénéfice se trouvoit la noble ambition d'être » utile à sa patrie, d'assurer l'abondance dans la capitale, de » combattre l'accaparement ; & les calculs de l'esprit s'éva- » nouirent devant ceux du cœur. Nous cedâmes donc aux élans » d'une effervescence patriotique ; & mon frere & moi sous-

il ſait aux ſieurs Leleu, (lettres qu'ils ont produites comme pieces juſtificatives) cherche à donner le change au public, en faiſant à croire qu'ils s'étoient retirés d'eux mêmes, & il va juſqu'à les prêcher de ſacrifier leur reſſentiment, ſi le comité des ſubſiſtances ſe déterminoit à les rappeller. Mais une plume patriotique vient de les livrer à l'opprobre, en dévoilant, dans un mémoire très-bien fait (1), le noir complot dont ils étoient la cheville ouvriere.

On voit dans ce mémoire le marché uſuraire conclu par les Leleu avec le Roi, pour l'entrepriſe des moulins de Corbeil. On y voit ces faiſeurs d'affaires s'engager de fournir annuellement à la halle, pendant ſix mois conſécutifs, 25,000 ſacs de bonne farine, du poids de 325 livres chacun, & d'avoir toujours en magaſin 6000 ſacs prêts à être livrés à la première demande du lieutenant de police, ſans toutefois dégarnir les marchés voiſins.

On y voit le Chevalier de Buſſy, qui tenoit en ſociété les magaſins de Beaulieu & ceux de l'Enfant-Jéſus, courant les Provinces pour faire, ſous le nom de M. Necker, l'approviſionnement de Paris, enlevant tous les grains du Soiſſonnois, en

---

crivîmes un traité avec le Roi ». — Ne croiroit-on pas entendre M. Necker lui-même, donnant la profeſſion de foi Les généreux patriotes que ces freres Leleu ! Mais pour ſe targuer de déſintéreſſement, du moins faut-il avoir les mains pures, & ne pas afficher une fortune de dix millions. Au demeurant, c'eſt le comble de l'impudence, lorſque les trippons prétendent lever bontique pour empêcher le public d'être trompé.

(1) Réplique de M. Deſmoulins aux deux mémoires des ſieurs Leleu.

Mai & Juin 1789, & les faifant paffer à Rouen, où ils font devenus invifibles. On y voit ce même accapareur, qui s'étoit rendu de nouveau dans le Soiffonnois, avec une miffion non fignée de M. Necker, prendre la fuite crainte d'être accroché.

On y voit les Leleu exporter en tonneaux une immenfe quantité de bleds, ufer d'artifice pour détourner les meûniers Graffin & Calle de faire leurs provifions à Provins, & prendre le tems où ils les amufoient, pour faire vuider les halles de cette ville.

On y voit la compagnie Leleu, au mépris de fes engagemens, n'avoir, en Septembre 1788, pas un grain de blé dans fes magafins, en acca-parer en trois mois 32000 facs, qu'elle avoit en-levés de tous côtés au nom du Roi (1), & faire hauffer confidérablement le prix du pain.

On y voit les Leleu d'Amiens ; les Jourdain, les de la Loge, & les autres correfpondans de la compagnie de Corbeil, retenir en rade dans la Manche, trois ou quatre mois, plufieurs navires chargés de bleds (2) ; quoique la Province en man-quât elle-même, & que le pain s'y vendît 6 à 7 f. la livre.

Enfin on y voit les Leleu accufant eux-mêmes M. Necker d'être le grand accapareur, l'unique auteur de la difette.

---

(1) C'eft précifémenr l'époque où les marchands de grains ne purent faire leurs achats, par la fufpenfion du paiement des refcriptions.

(2) Ce font vraifemblablement les bleds exportés par la com-pagnie elle-même, qu'elle trouvoit moyen par ce petit mané-ge, de vendre comme bled étrangers.

L'indifcrétion avoit laiffé échapper ce fatal aveu, & bientôt il fut confirmé par mille preuves invincibles ; je me borne à celles que j'ai maintenant fous la main.

Depuis la révolution, les accapareurs miniftériels, qui parcouroient les Provinces, avoient befoin de l'appui des Municipalités. Prefque toutes compofées de leurs anciens membres, elles ont concouru aux vues de l'adminiftrateur des finances, avec le zele aveugle des valets de la cour ; & partout cette coupable connivence a excité de vives réclamations. Qu'en eft-il réfulté ? --- Toujours faites à la Municipalité Parifienne ou à l'Affemblée Nationale, elles ont prefque toujours été étouffées à l'inftant même.

Dans le nombre des réclamations qui ont fixé l'attention publique, eft celle des habitans de Vernon. Qui n'a point entendu parler de l'accapareur Plantere ? Mais les efforts redoublés des Municipaux Parifiens pour le fouftraire au châtiment ; mais les menfonges qu'ils fe font permis pour dénaturer l'affaire ; mais les impoftures qu'ils ont forgées pour voiler ce myftère d'iniquité ; mais les reilorts hôntéux qu'ils ont fait jouer pour tromper le public, ne font connus que de quelques obfervateurs.

En voici un expofé fuccinct. Dès l'inftant que l'adminiftration de l'hôtel-de-ville apprit que le fieur Plantere étoit arrêté par les citoyens de Vernon, allarmée des fuites qu'auroit l'indifcrétion du détenu, & ne fongeant plus qu'à l'arracher de leurs mains, elle fit partir à la hâte un détachement de trois cens gardes-nationaux, fous les ordres du fieur d'Hières, Commandant de bataillon du Diftrict des Petits-Auguftins, auxquels fe joi-

gnirent les Grenadiers du Régiment de Flandres,
& deux Compagnies de dragons de Montmorency.
Arrivé fur les lieux , cet indigne Commandant,
d'après les ordres qu'il avoit reçus du général (1),
fit mettre bas les armes à la milice nationale de
Vernon , dépofa la Municipalité élective, réinf-
talla la Municipalité royale , févit contre les citoyens qui s'étoient montrés patriotes , en fit traî-
ner plufieurs en prifon, & commit cent atrocités.
Crainte que la nouvelle de ces horreurs ne parvint
à Paris , on intercepta les lettres à la pofte , on
prévint même leur arrivée, en faifant publier une
fauffe miffive, où Plantere jouoit le rôle d'un Né-
gociant chargé de faire des approvifionnemens fur
les lieux pour la capitale , & où la punition de ce
vil agent étoit repréfentée comme un affaffinat
commis par des brigands , dont les habitans de
Vernon eux-mêmes demandoient vengences. Bientôt les barbouilleurs de papier à gages , répandi-
rent de toutes parts des contes faits à plaifir.
Cependant le fatal fecret fut enfin dévoilé par les
députés de cette ville , & il vient d'être configné
dans des mémoires en réclamation des outrages
commis par le féroce d'Hières. Vaine réclamation,
repouffée fans pudeur par les Municipaux Parifiens, dont elle dévoile l'iniquité , & que *l'Ami
du Peuple* ne ceffera d'appeller en témoignage , en
attendant qu'on puiffe un jour la porter au tribu-
nal de la nation.

---

(1) Pour juftifier ces ordres barbares , le Marquis de la
Fayette , l'ame damnée du miniftre des finances , avoit fup-
pofé un faux décret de l'Affemblée Nationale. Voici les
mémoires des députés de Vernon.

Passons

Passons à d'autres faits, non moins conſtans,
quoique moins connus.

Vers la mi-Octobre, le ſieur Deſniſſart, fer-
mier à Meaux en Brie, ayant été ſommé de fournir des grains aux marchés de Tournon & de
Chaumes, petites villes voiſines, il n'en conduiſit
qu'au premier marché, que fréquentoient les accapareurs, & où étoit cantonné un détachement
de milice Pariſienne. Les habitans de Chaumes &
des environs ſe plaignant à lui de ce qu'il les laiſ-
ſoit manquer de grain, il leur répondit : « Vous
» ch...... trop blanc, ſi vous mangiez de mon
» bled ». Irrités de ſon inſolence, ils ſe raſſem-
blèrent en plus grand nombre le Dimanche ſui-
vant, & ils accoururent en foule pour l'arrêter. Il
s'étoit réfugié dans une Egliſe, d'où il informa
l'Hôtel-d-ville de Paris de ce qui ſe paſſoit. A
l'inſtant partit l'ordre au détachement de Tournon de ſe tranſporter à Chaumes. Deſniſſart fut
reconduit chez lui, & deux canons placés à ſa
porte furent braqués contre le peuple.

Le ſieur Robert, marchand de bleds & proprié-
taire de trois moulins ſitués à Liſi-ſur-Ourgue, près
Meaux, accaparoit les grains de tous les marchés
& de toutes les fermes du voiſinage. Pour faire
cet infâme trafic avec moins de danger, il avoit
loué une chambre au Soleil d'or (auberge de Liſi),
où les fermiers des environs lui apportoient des
échantillons, & où il leur comptoit le montant
des parties qu'il achettoit. Sur la fin d'Octobre,
s'étant rendu un jour de marché à la Ferté-Milon,
pour enlever grand nombre de voitures de bleds,
ſous prétexte de les expédier à Paris, les habitans
ne voulurent point les laiſſer partir. Outrés de

l'audace de cet accapareur, ils le poursuivirent jusques dans l'asyle où il s'étoit retiré, & d'où il réclama la protection de la Municipalité Parisienne, qui lui envoya sur-le-champ garde avec deux piè-ces de canon prises en chemin dans une petite ville voisine, où elles avoient été déposées. On voit que, pour protéger les accapareurs par-tout où elle pouvoit étendre son influence, la prévoyante Municipalité avoit envoyé des détachemens & du canon, dans tous les marchés considérables fré-quentés par ces agens ministériels de famine & de désolation.

Enfin, rappellons ici un trait dont le simple souvenir fait frissonner d'horreur ; c'est que le sieur Berthier après son arrestation, a déclaré à M. Ri-vière, Avocat en Parlement, qu'il avoit dans son porte-feuille une lettre de M. Necker, où ce ver-tueux ministre lui ordonnoit de faire couper les bleds dans l'étendue de la Généralité de Paris ; déclaration articulée en pleine audience & sous la foi du serment, dans l'interrogatoire que cet esti-mable citoyen subit au Châtelet, relativement au Baron de Bézenval.

Tant de faits constatés développent les causes secrètes de la famine qui nous assaille depuis si long-tems. D'autres faits constatés vont dévoiler les horribles manœuvres employées à altérer la qualité du pain, qui continue à répandre par tout le royaume des germes de mortalité.

M. Necker ayant fait une double spéculation sur l'aliment le plus nécessaire à la vie, & dont aucun François ne peut se passer, mit tout en œuvre, pour masquer ses opérations.

D'abord il essaya de rejetter sur les Boulangers le mécontentement public. A l'entrée de l'hyver 1788, les ayant rassemblés pour leur demander une déclaration religieuse de leurs provisions, « il » *dit aux uns qu'ils étoient assez approvisionnés,* » *aux autres, qu'ils l'étoient trop ; à tous, que le* » *pain étoit trop beau ; & il leur demanda s'ils ne* » *pourroient pas mélanger leurs farines* ». Bientôt il leur en épargna la peine. Il est certain que les sieurs Leleu faisoient moudre aux moulins de St. Jean, des faverolles & de la vesce, dont ils mê-loient les farines à celle du bled.

Mais ce sont sur-tout les perquisitions des Commissaires du district de Saint-Martin-des-Champs, qui ont dévoilé ces œuvres de ténebres. Il est constant par leur procès-verbal du 16 Octo-bre, dressé à l'Ecole-Royale-Militaire, qu'ils y ont trouvé des tas de bled, d'orge & de seigle (1), dont plusieurs étoient de mauvaise qualité ; des sacs & des tonneaux de farine pelotées, d'une saveur désagréable, & dans un tel état de fermentation, qu'elle exhaloit une odeur infecte.

Il y ont surpris des manœuvres occupés à faire le mélange de ces farines gâtées ; & après avoir reçu la déclaration du Commis chargé par le Comité municipal des Subsistances de diriger cette mani-pulation (2), ils ont été requis de lever les scellés

---

(1) D'après le relevé, il y avoit 910 septiers d'orge, 1011 de froment, & 7550 de seigle : ainsi le seigle étoit au froment ce que 7 est à 1.

(2) Page 8 du procès-verbal.

C 2

qu'ils avoient mis sur ces tonneaux. L'examen du
regiſtre du principal Inſpecteur des farines, a prouvé
que du premier au 16 Octobre, il en a été envoyé
chaque jour à la halle (1) 60 ſacs, plus ou moins,
chacun de 217 liv.

Dans ce regiſtre, ouvert au haſard, ils ont vu
(ſous la date du 28 Août), l'entrée de 7948 liv.
de marons ; & (ſous la date du 27) la ſortie de
7854 liv. de farine de marons ; ſans doute de
marons d'Inde, à en juger par les mauvais grains
& les farines gâtées qui ont ſervi à l'approviſionnement de la capitale.

Ainſi, tandis que l'Adminiſtrateur des finances
laiſſe paſſer la fleur de nos grains chez l'Empereur,
il nous fait manger du pain d'orge & de ſeigle,
du pain de féveroles & de veſce, du pain de vé-
gétaux que les pourceaux rebutent, du pain de farines gâtées, du pain déteſtable, uniquement
propre à délabrer la ſanté, & à produire diverſes
maladies épidémiques.

Ces honteuſes opérations ſe faiſoient clandeſti-
nement. Les réticences, les tergiverſations, les
déclarations contradictoires des employés, les men-
ſonges des chefs boulangers (2), des principaux
commis (3) & des inſpecteurs (4), qui tous s'ef-
forçoient de dérober aux commiſſaires patriotes le
fatal ſecret, les précautions du Comité Municipal
des ſubſiſtances, pour faire conduire les convois à

---

(1) IBIDEM. Pag. 18. Notez que les mêmes opérations ſe
font à l'abbaye Saint Martin, & dans d'autres tripots, tant
de Paris que des provinces.
(2) Les ſieurs Vallery & Valette : pag. 5.
(3) IBIDEM. Pag.
(4) Le ſieur Perronet.

l'Ecole-Royale-Militaire , par des guides qui en
ignoroient eux-mêmes la destination, & auxquels
on recommandoit en partant d'arrêter aux barrières à leur retour, & de venir prendre l'ordre à la
ville ; en un mot, toutes ces manœuvres téné-
breuses attestent à la fois & les craintes de ces ouvriers d'iniquité, & la perfidie de l'administrateur
des finances, & l'infamie de la Municipalité, qui
a prêté son ministère pour perpétuer ces affreuses
malversations, & qui s'est elle-même avilie jusqu'au mensonge pour les voiler aux yeux des citoyens (1).

Dans ces découvertes des Commissaires de Saint-
Martin-des-Champs, tout est fait pour allarmer,
tout est fait pour jetter l'effroi dans les ames. Encore n'est-ce là qu'un apperçu pris sur les lieux :
que seroit-ce, s'ils avoient approfondi l'affreux
mystère, s'ils avoient eu communication des re-
gistres d'entrée & de sortie, dont le Directeur en
chef leur avoit d'abord offert l'examen, & qu'il
leur a refusé ensuite, sous prétexte de travailler à
un relevé pour le Comité des subsistances !

Mais rien n'est plus propre à faire sentir toute
l'horreur (2) de ces manœuvres que les dépenses

---

(1) Voici sa déclaration de 5 ou 6 octobre, sur l'emploi
des moulins de l'Ecole Royale Militaire, & l'ordonnance dé-
risoire du mois d'août, signifiée aux meûniers DE MOUDRE
MÊME LES FÊTES, tandis qu'ils se lamentoient de n'avoir
rien à faire.

(2) Si de pareilles malversations avoient été commises à
Londres, les employés à l'école militaire, le premier ministre des finances, les Leleu, le comité municipal des subsistances, & peut-être toute la municipalité, auroient été aux
fers le même jour, & on leur auroit fait leur procès comme
à des empoisonneurs publics.

énormes où l'on a constitué l'état pour en dérober la connoissance au public.

Les transports de Rouen à cet entrepôt se sont faits par terre, & ont coûté 80 livres le millier, au-lieu de 12 liv. qu'ils auroient coûté par eau : ce qui fait une perte de 68 liv. par millier ; & sur 70 milliers qui formoient l'envoi dont cet apperçu est tiré, une perte de 4760 liv.

On a établi à l'Ecole Royale Militaire 98 moulins à bras, qui occupent 1592 hommes, chacun à raison de 30 s. : ce qui fait une dépense journalière de 2388 liv.

De compte réglé, la mouture d'un setier revient à 25 l. ; elle n'auroit coûté que 30 sous aux moulins ordinaires, & elle auroit été infiniment supérieure : ainsi les 16 dix-septièmes des frais sont en pure perte.

Ces moulins en action toute la journée ne rendent pas 200 septiers de farine, dont les frais ordinaires n'iroient qu'à 300 liv., & dont les frais extraordinaires sont portés à 2388 liv., ce qui fait une perte journalière de 2088 liv., & une perte annuelle de 772,320 liv.

A cette somme qu'on ajoute au moins 300,000 l. pour l'excédent des frais de transports, & 300,000 pour les appointemens des chefs, sous-chefs, maîtres, contre-maîtres, meûniers, gardes-moulins, engraineurs, porte-faix, frais de bureau & de caisse, entretien des moulins, sans parler de leur construction, on aura 1,370,328 liv. en frais perdus.

Cette somme, uniquement relative aux manipulations de l'Ecole-Militaire, seroit au moins décuplée, si on y ajoutoit celles qu'exigent les

manipulations de l'entrepôt de l'Abbaye Saint-
Martin, & de vingt autres pareils tripots repan-
dus dans les provinces. Voilà donc une dilapida-
tion de 13,723,200 liv., dans un temps de cala-
mité, où l'administrateur des finances n'a pas
honte d'arracher aux malheureux leur derniere
ressource, par une contribution vexatoire.

Deux jours avant que ces mysteres odieux eus-
sent été découverts, l'assemblée nationale avoit dis-
sous son comité des subsistances, & fait remettre
au premier ministre l'approvisionnement du
royaume, dont il a refusé de se porter garant (1):
tandis que la municipalité a paru prendre quelques mesures pour assurer enfin celui de la capitale. Mais l'Administrateur général, loin de renon-
cer à l'infâme trafic de ces tripots, y a fait cons-
truire de nouveaux moulins (2).

Je l'ai accusé de nous avoir réduits à la cruelle
alternative de périr de faim, ou de vivre d'un aliment dangereux, portant le germe de plusieurs
maladies redoutables; & j'ai inculpé la Municipalité Parisienne d'avoir connivé avec lui. Dès-lors
les preuves juridiques ont été acquises, elles sont
complettes (3) aujourd'hui ; mes inculpations à

---

(1) Il n'auroit pu s'en porter garant qu'il n'eût mis ses malversations d'accapareur à découvert.

(2) Voyez la page 18 du procès-verbal de Saint-Martin-des-
Champs; j'apprends que depuis peu ils ont été transportés
dans les environs de Paris.

(3) Une multitude de faits connus auroit conduit à la source
de la disette qui a désolé la capitale, les mandataires provisoires de la commune, s'ils avoient été fideles à leurs commettans, & s'ils n'avoient pas été vendus au cabinet. En
voici quelques-uns.

cet égard étoient donc bien fondées ; mon crime est donc d'avoir été trop clairvoyant.

Les sieurs Leleu, dans leur réponse à la municipalité sur la lettre de M. Necker, relative à l'approvisionnement de Paris, affirmant avoir abandonné les moulins de Corbeil, le 22 juillet 1788, leur traité avec le gouvernement pour 1789, étant plus que rempli : de sorte qu'ils ont laissé la capitale totalement dépourvue trois mois entiers. Or, il étoit du devoir de la municipalité d'enjoindre aux sieurs Leleu de produire les ordres en vertu desquels ils avoient anticipé les fournitures aux termes de leur traité, sous peine d'être poursuivis comme accapareurs de grains, & auteurs de la disette, qui a été la suite de cette anticipation : ce qu'ils n'ont point fait.

D'où vient ce silence criminel des administrateurs municipaux? Faut-il le demander. De leur connivance avec le cabinet.

Un autre point bien essentiel à éclaircir, c'est la mission dangereuse des farines fournies par les sieurs Leleu : la municipalité devoit donc leur enjoindre pareillement de produire les ordres, en vertu desquels ils les avoient altérées, & faute par eux d'en justifier, elle devoit les poursuivre comme accapareurs & empoisonneurs publics : ce qu'elle n'a point fait. — D'où vient ce silence criminel des administrateurs municipaux? De leur connivence avec le cabinet.

Parmi les papiers trouvés sur le sieur Berthier, après son arrestation, étoit une lettre du comte de Ravillac, en date du 5 juillet dernier, dans laquelle il demandoit à cet intendant de toucher des fonds sur le produit de la vente des grains faite par le gouvernement ; péculat dont il étoit du devoir de la municipalité de demander publiquement raison à M. Necker : ce qu'elle n'a point fait. — D'où vient ce silence criminel des administrateurs municipaux? De leur connivence avec le cabinet.

Dans l'interrogatoire que M. Rivière, avocat au parlement, a subi au Châtelet dans l'affaire du baron de Bezenval, il a déposé sur la foi du serment, que le sieur Berthier lui avoit déclaré que son porte-feuille (qu'il croyoit égaré) contenoit une lettre de M. Necker, par laquelle ce ministre lui ordonnoit de faire couper les bleds verds dans la généralité de Paris. Cette déposition dont il est impossible de révoquer en doute la vérité, vu les dangers auxquels s'exposoit son auteur, une fois devenue publique, il étoit du devoir de la municipalité d'en prendre acte pour dénoncer le ministre des finances, & l'amener en jugement : ce qu'elle n'a point fait. D'où vient le silence des administrateurs municipaux? de leur connivence avec le cabinet.

Que dis-je. N'ont-il pas eu la clef du porte-feuille qui renfermoit cette lettre importante : mais loin d'avoir fait aucune démarche pour se procurer cette piéce de conviction, ils ont

Je

Je viens de donner la clef des manœuvres se-
crettes de l'administration des finances, & des attentats de la municipalité.

---

laissé le porte-feuille entre les mains du neveu de l'intendant
de Paris ; ils en ont renvoyé la clef au président de l'assemblée
nationale, dont les sentimens leur étoient connus, & ils ont tout
fait pour étouffer cet horrible attentat, pour empêcher l'affreuse
vérité de percer.

Et dans l'affaire de Vernon, n'ont-ils pas également mis en
œuvre le vert & le sec pour donner le change au public &
le tromper sur tous les points ?

Enfin, qu'on me cite un seul cas où ces administrateurs
n'ayent pas employé tour à tour contre le peuple l'hypocrisie,
la fourbe, la violence & la trahison. Je les ai accusé de conniver avec le gouvernement, & j'en ai donné cent preuves
irréfistibles pour tout autre lecteur que des Parisiens. Lorsque j'ai
dit que le maire & ses confreres ne sont, dans les mains du
principal ministre, que des instrumens dangereux, qu'ai-je
donc dit qui ne soit conforme à la plus exacte vérité !

Cette connivence criminelle qui remettra la nation dans les
fers, qui la retiendra sous le joug, & qui la replongera dans
l'abyme, je la dénonce aujourd'hui à l'assemblée nationale,
s'il reste encore à la majorité de ses membres quelque intérêt
pour le salut public, quelque sentiment honnête, quelque pudeur. Suspendre plus long-temps la recherche des coupables
auteurs de nos maux, seroit trahir la patrie, & consommer sa
perte.

Il est constant que le ministre des finances & les administrateurs municipaux ont prévariqué dans leur gestion, & abusé
de leur pouvoir pour ruiner la liberté publique. L'information
doit être également dirigée contr'eux, le devoir & l'honneur
leur imposent également la loi de se justifier complettement.
S'ils ne sont pas coupables, ils ont mille moyens de faire
triompher leur innocence, de confondre leurs détracteurs, &
ils doivent être les premiers à demander qu'on leur fasse leur
procès, qu'on l'instruise en public. Mais hélas ! qu'attendre de
l'assemblée nationale, lorsque nous la voyons conniver elle-
même avec le cabinet, lorsque nous voyons échapper tous les
criminels d'état, lorsque nous n'avons pu obtenir encore que
le ministre favori comparût comme accusé devant le châtelet,
lorsque les juges & les municipaux réussissent toujours à éluder
cette demande ; lorsqu'ils s'enfoncent eux-mêmes dans les
ténèbres ; & que pour perdre la patrie, ils employent tour à tour
impunément l'astuce, l'imposture & les outrages. Qu'attendre
d'hommes esclaves de leurs vices, d'hommes dont la conf-
cience est à prix !

D

A fon rappel au miniftère, M. Necker ayant trouvé le tréfor public épuifé, & les finances extrêmement délabrées, fentit bien qu'il ne pouvoit tenir en place fans argent, & comme il vouloit s'y maintenir, à quelque prix que ce fût, il forma l'horrible projet de faire, d'un trafic honteux fur les grains, une fource abondante de richesses.

On voit maintenant pourquoi fa premiere opération fut de répandre l'alarme en annonçant les dangers d'une difette chimérique, pour en amener une réelle.

On voit pourquoi voulant vendre le pain à très-haut prix, il débuta par afficher la crainte que le Roi n'eût pas le pouvoir d'empêcher qu'il ne fût cher toute l'année ; pourquoi, ayant un fi grand intérêt d'aveugler le peuple fur les moyens employés à l'affamer, il l'entretenoit éternellement de fes inquiétudes au fujet des fubfiftances.

On voit pourquoi il fit d'abord venir, à grands bruit, quelques grains avariés de l'étranger ; pourquoi il fit enfuite annoncer, avec tant d'apparat, qu'il travailloit à en tirer encore à tout prix, & que le Roi ne cessoit de faire les plus grands facrifices, afin de pourvoir aux befoins de fes fujets.

On voit pourquoi les provinces étoient inondées de fes agens qui couroient les fermes, mettoient par-tout l'enchere, & enlevoient tous les grains, fous prétexte d'approvifionner Paris ; pourquoi voulant ménager à fes agens les facilités de tout accaparer, il invitoit les boulangers & les marchands à s'approvifionner eux-mêmes dans le temps qu'il leur en ôtoit les moyens, dans le temps qu'il fe joüoit d'eux, & qu'il les forçoit de revenir des marchés les mains vuides.

On voit pourquoi, ayant besoin d'entrepreneurs ſtiles pour effectuer un accaparement général, il prenoit un ſi tendre intérêt aux ſieurs
Leleu ; pourquoi il forgea un arrêt du conſeil pour
déclarer calomnieux les mémoires du Chevalier
Rutledge, qui avoit dévoilé leur turpitude, &
pourquoi, préſumant trop de la crédulité publique, il ſe flatte de les réhabiliter en les couvrant
de ſon eſtime.

On voit pourquoi ayant beſoin d'une exporta-
tion réelle, pour effectuer une importation ſimu-
lée, & ne pouvant ſe paſſer d'entremetteurs qui
euſſent des correſpondans, & dans les provinces
& dans les ports de mer, il attachoit tant d'im-
portance aux ſervices des ſieurs Leleu ; pourquoi,
lorſqu'ils furent balayés avec l'ancien comité des
ſubſiſtances, il eſſaya d'effacer cette avanie, en
donnant le change au public : pourquoi, lorſqu'on
les pourſuivoit pour les amener en compte, il les
conſola ſi affectueuſement de cette humiliation.

On voit pourquoi n'étant pas ſûr des municipalités des provinces, où quelques-uns de ſes
agens avoient failli d'être accrochés, il refuſoit de
faire exécuter rigoureuſement les décrets ſur la
libre circulation des grains, & pourquoi il en ar-
rêta l'envoi ſi long-temps.

On voit pourquoi, ayant fait une ſeconde ſpé-
culation de la vente du pain d'orge & de ſeigle
pour pain de froment, & même d'en altérer la
qualité avec des farines de féveroles, de veſce
de marons d'Inde, avec des farines gâtées, il
conſtitua l'état dans des dépenſes énormes pour
la conſtruction, l'entretien & le travail imparfait
d'une infinité de moulins à bras ; tandis que Pari

étoit environné d'une infinité de moulins à eau &
à vent, qui restoient dans l'inaction.

La capitale étant le grand marché de consom-
mation, cette entreprise honteuse d'accaparement
général, ce projet infernal d'affamer & d'empoi-
sonner le peuple pour remplir les coffres ministériels, ne pouvant s'exécuter depuis la révolution,
sans le concours de la municipalité, il en capta les
chefs (1) qui firent entendre raison aux intéressés,
& amenerent la troupe moutonnière à souscrire
aveuglément à toutes les délibérations.

On voit maintenant pourquoi la municipalité
étoit si jalouse du privilége de nommer ses administrateurs, & pourquoi le bureau des représen-
tans s'est permis rant de supercheries pour tromper le vœu des districts.

On voit pourquoi le maire s'est efforcé si long-
tems de conserver les membres de l'ancien comité des subsistances, afin de ne pas rompre la
chaîne des opérations, comme il le disoit si ingé-
nument.

On voit pourquoi les Leleu étant l'ame de ce
comité, les districts n'ont jamais pu lui faire rendre
compte, & pourquoi le nouveau comité n'a jamais
fait à ce sujet que des efforts simulés. On voit
pourquoi, & l'ancien & le nouveau comités ont
toujours concouru aux manœuvres clandestines

---

(1) C'est cette vérité bien sentie qui m'a porté à inculper la
municipalité, dans un temps où le public étoit à genoux devant elle, dans un temps où je n'avois d'autres preuves de
ses malversations que l'indifférence avec laquelle elle se por-
toit au bien, que le refus de remplir ses devoirs.

de l'Ecole Royale militaire & de l'abbaye S. Martin, pourquoi tous les grains qui arrivoient à la halle, étoient portés à ces tripots, malgré les réclamations des boulangers; pourquoi la municipalité a cherché tant de fois à rejetter fur eux tout le blâme de la difette; pourquoi elle leur a fait tant de fois des offres dont elle connoiffoit toute l'inutilité; pourquoi elle étoit fi foigneufe de faire marcher des détachemens de la milice parifienne, contre les milices provinciales, pour foutenir les accapareurs; pourquoi elle tenoit du canon & des troupes dans les marchés qu'ils fréquentoient, pourquoi elle étoit fi empreffée de fouftraire au châtiment les accapareurs dont on s'étoit fervis; pourquoi elle a fait marcher des troupes à 20 lieues pour accrocher des mains des habitans de Vernon, le fieur Plantere, dont elle redoutoit les aveux indifcrets : tandis qu'elle n'a rien fait pour fauver les malheureux boulangers égorgés à fa vue; pourquoi elle a foudoyé tant de folliculaires (1), pour donner le change au pu

---

(1) C'eft avec regret que je trouve dans la lifte de ces écrivains complaifans ou vendus, le nom de M. Briffot de Varville. En vain chercheroit-on dans fa feuille une feule réclamation contre les attentats de la municipalité; un feul mot patriotique en faveur du marquis de Saint-Huruge, dont l'abfolution a bien montré l'injuftice de la détention; un feul mot en faveur de MM. Rutledge, Martin & Duval, indignement facrifiés à la vengence du corps municipal. Mais en revanche, on y verra qu'il n'a pas laiffé échaper une feule occafion de donner le change au public, en propageant des bruits faux & ridicules, contre les boulangers & des accapareurs privés imaginaires; pour cacher les accapareurs minifteriels; voilà les manœuvres du comité des fubfiftances, les délits du comité de police, & les lenteurs du comité des recherches; dont il eft membre.

Ses premiers écrits ne l'avoient pas fait placer dans la claffe des écrivains diftingués; mais ils l'avoient fait regarder comme un patriote, titre glorieux qu'il a facrifié à des vues particulieres; & peut-être à de vaines promeffes.

blic sur les causes du manque de pain ; & pourquoi la disette n'a cessé qu'après que les honteuses manœuvres de l'administrateur (1) des finances ont été devoilées, & qu'il a craint les traits de quelques plumes qui ne sont pas à vendre.

On voit pourquoi le Ministre & la Municipalité, tremblans de voir leurs malversations exposées au grand jour, ont été si empressés de se mettre à couvert derrière le rempart d'une loi martiale ; pourquoi ils ont ensuite été si ardens à persécuter les auteurs qui les avoient démasqués ; pourquoi l'*Ami du Peuple* a été décrété ; pourquoi le Chevalier Rutledge a été emprisonné ; pourquoi MM. Martin & Duval ont été jettés dans des cachots. On voit pourquoi ils ont si violemment attenté à la liberté de la presse ; pourquoi ils ont arrêté tant de colporteurs, enlevé tant d'écrits patriotiques, gratifié tant d'espions, & pourquoi, voulant enchaîner pour toujours la plume des amis de la patrie, ils viennent de corrompre la foi des Imprimeurs, & de les transformer en vils délateurs par l'appât du gain (2).

Les attentats ministériels de M. Necker n'ont

---

(1) Ces manœuvres honteuses durent encore, seulement on a soin de mêler une moindre quantité de mauvaises farines à de bonnes, afin de rendre la qualité du pain moins détestable.

(2) Le comité de police vient de faire proposer à tous les imprimeurs qui trahiront la confiance des auteurs, & livreront leurs manuscrits, un salaire double de ce qu'ils auroient compté pour leurs frais d'impression : rafinement de politique digne du spéculateur Génévois, & dont les grands inquisiteurs de Sartine & le Noir ne s'étoient pas encore avilés.

(31)

point de terme; ils se succèdent continuellement,
comme les flots pressés d'une mer orageuse.

Pour réduire le peuple au désespoir, & le for-
cer, par la crainte de la misère, à se rejetter dans
les bras du despotisme, c'est trop peu de l'accaparement des grains, il a aussi recours à l'accaparement du numéraire, devenu déja si rare par la
perte du crédit public (1).

Depuis long-tems le Ministre travailloit à effectuer cet horrible projet, par l'établissement
d'une banque nationale, qui devoit mettre en circulation des billets de différentes valeurs, jusqu'à
ce qu'elle eût absorbé tout l'or du royaume. Il
en présenta le plan à l'Assemblée Nationale; &,
dans la crainte que de trop justes sujets de défiance
ne le fissent rejetter, il engagea les membres du
Comité des finances à le reproduire avec de légè-
res modifications, presqu'au moment même où
il avoit engagé l'un des chefs de la maltôte (2) à
en proposer un autre peu différent, dont il ap-
prouva les bases, en feignant d'en critiquer les dé-
tails. Aucun de ces plans ne fut adopté : mais loin
de perdre courage, il redoubla d'efforts, marcha
plus ouvertement à son but, se tourna du côté de
la caisse d'escompte, fit entrer les administrateurs
dans ses vues, & eut recours à une suite d'opérations désastreuses qui enlèvent chaque jour l'argent

____

(1) Je ne sais si la plupart des causes auxquelles on attribue
la rareté du numéraire ont beaucoup de solidité : quoiqu'il en
soit, il est certain qu'il a disparu tout-à-coup du milieu de nous,
peu après le rappel de M. Necker au ministere : ce qui doit
provenir de ce que les capitalistes l'ont enfoui.

(2) Le plan de M. de la Borde établissoit des billets au-dessous
d'un louis. S'il eût passé, on se mettroit aujourd'hui à genoux
devant un écu.

échappé à l'avarice des capitalistes, & qui finiront
par ne pas nous laisser un écu.

Tant que le crédit de la caisse se soutient, rien
de si facile à un Ministre des finances, que d'i-
nonder le public de billets, d'absorber tout le numéraire, & de ruiner la nation. Mais quoique le
crédit de la caisse soit tombé, le Ministre peut
encore aller à son but, en donnant un cours forcé
aux billets. Ce parti violent étoit laissé à M. Necker, & il l'a pris sans balancer.

Les sommes immenses que le Gouvernement a
puisées à différentes fois dans la caisse d'escompte,
ont toujours été remplacées par du papier : Dieu
sait avec quelle profusion ! La perte du crédit public ayant mis les administrateurs dans la gêne,
ils ont profité d'un édit du Conseil attribuant force
de monnoie aux billets, & autorisant à ne donner
en espèces qu'un à compte sur ceux d'une certaine
valeur, édit funeste, qui leur a ménagé les moyens
de retenir la plus grande partie du numéraire, re-
présenté par le papier en circulation. Le cours
naturel des choses a fait le reste. L'embarras des
administrateurs ayant excité des craintes, chacun
s'est empressé de réaliser des effets discrédités,
& l'on s'est porté en foule à la caisse. Pour éviter
le tumulte, ou plutôt pour empêcher qu'on ne
connût la quantité énorme des billets qui circu-
loient, & prévenir la banqueroute qui en étoit la
suite infaillible de leur présentation, il falloit en
retarder le paiement. Diverses rubriques furent
mises en usage. D'abord on obligea les porteurs de
se faire inscrire, puis de se pourvoir de cartes
d'admission. Mais tandis que le public se morfon-
doit aux portes, l'accès étoit ouvert aux administrateurs,

rateurs, aux actionnaires, aux agens ministériels,
pour être admis, leurs domestiques même n'avoient
qu'à se présenter ; de la sorte, l'administration
avoit souvent l'air de payer, sans que l'argent sor-
tit de ses mains. Au milieu des peines incroyables
qu'on avoit à toucher de légers à comptes, arri-
vèrent les spéculateurs sordides de l'agiotage : des
intriguans empreffés de profiter du malheur des
tems, offrirent d'efcompter les billets à 3, 4, 5,
6, pour cent de perte, & les citoyens fe virent
impitoyablement rançonnés.

Ils ne l'étoient encore que par des hommes privés ; ils le furent bientôt par des hommes publics;
fous prétexte de venir à leur fecours, on les invita
de s'adresser à des commissaires chargés de leur
faire passer le montant de leurs billets : les de-
mandes en étoient faites par lettres ; elles restè-
rent la plupart sans réponse ; & pour être expédié
promptement, il fallut capituler, comme on l'a-
voit fait pour l'escompte.

Cependant l'agiotage alloit son train, il augmen-
toit même chaque jour, & la chronique scanda-
leuse assure qu'il se faifoit presque tout pour le
compte du Gouvernement ; chose poffible, mais
improbable ; s'amufe-t-on à glaner quand on peut
moissonner ?

Un nouveau mode d'accaparer le numéraire,
pratiqué foudain par-tout le Royaume, ne permet
pas de douter que M. Necker, pressé de confommer fes projets, n'ait mis fur la place une énorme
quantité de papier. En vertu de fes ordres, on
donnoit des billets de caisse pour comptant au
trésor, aux barrières, à la ville; mais on refufe de
les y recevoir ; & comme si les rentrée étoient

E

trop lentes au gré de ſes deſirs , ſes agens vont
attendre les marchands, les voituriers, les rouliers,
à quelque diſtance des villes de commerce , pour
leur propoſer , avec remiſe , des billets contre de
l'argent. Ces faits ſont de notoriété publique. De
quelque vernis qu'on les couvre , il eſt certain que
l'accaparement du numéraire ne peut ſe faire par
les agens de la caiſſe & des fermes, ſans l'appui
du miniſtere ; comme l'accaparement des grains
ne peut ſe faire par les monopoleurs, ſans l'appui
des municipalités : il ſe fait donc pour le compte
du gouvernement.

C'eſt par le moyen des agioteurs que le miniſtre
a mis ſon projet à exécution. Quand on ſe rappelle les principes auſteres qu'il n'a ceſſé d'afficher, quand on ſe rappelle le zèle avec lequel il a
frondé la geſtion de ſes prédéceſſeurs ; quand on
ſe rappelle ſes ſorties contre les funeſtes ſpécula-
tions de l'agiotage ; on eſt un peu ſurpris & de
l'intimité de ſes liaiſons & de la multiplicité de
ſes opérations avec les adminiſtrateurs de la caiſſe
d'eſcompte : mais en réfléchiſſant que l'hypocriſie
eſt un de ſes traits caractériſtiques, & la ſoif de
commander ſa paſſion dominante , on conçoit
qu'un ambitieux déterminé à Paris, plutôt que
d'abandonner le timon des affaires, n'eſt guères
retenu par la crainte puérile de paſſer pour incon-
ſéquent. Quoi qu'il en ſoit, après avoir accaparé
tout le numéraire & converti nos fortunes en papier ſans valeur, M. Necker nous réduira donc à
la cruelle néceſſité de mourir de faim à côté de nos
capitaux dénaturés, car ſi les receveurs des deniers publics refuſent les billets de caiſſe , com-
ment le boulanger & le boucher s'en chargeront-

fin il eut recours à l'accaparement du numéraire ;
qui lui offroit le double avantage, & d'avoir à ses
ordres une armée de satellites dévoués (1), lorsque le moment seroit venu, & d'ôter aux citoyens
les moyens de résister.

Ces perfides projets sautoient aux yeux de tout
observateur clairvoyant ; il étoit du devoir de tout
vrai patriote de les dénoncer, & mille faits connus (je le répète) auroient conduit à la preuve les
mandataires provisoires de la commune, s'ils avoient
été fidèles à leurs commettans ; s'ils ne s'étoient
pas vendus au cabinet.

Oublions le Corps Municipal, il ne joue ici
qu'un rôle subalterne : il pouvoit aspirer à l'honneur de servir la patrie, sans doute, mais aucun
de ses membres n'est fait pour prétendre à la célé-
brité, pas même son chef, qui a sacrifié sa petite
réputation d'auteur à la fortune d'un bas valet.
Mais vous, Monsieur, vous, fameux parvenu,
vous, premier Ministre des Finances, vous, que
la nation plaçoit à la tête de ses défenseurs, & qui
l'avez trompée si indignement, après en avoir im-
posé à toute l'Europe ; vous, qui avez lâchement
sacrifié un peuple entier qui vous adoroit, à des
hommes superbes qui vous méprisent ; vous, qui
pouviez jouir de la gloire immortelle de sauver la
France, & qui avez préféré d'en être le fléau ;

____

(1) Il est constant que le corps entier des officiers de l'armée,
à quelques individus près, est au désespoir de la révolution. J'ai,
là-dessus, des preuves non équivoques. Heureusement les sol-
dats sont presque tous dans des dispositions contraires.

quels fruits attendez-vous de vos manœuvres cri-
minelles ? --- Refter l'ame du cabinet, vous faire
nommer Régent du royaume, & régner fous le
nom du Monarque ? Ne vous en flattez pas; à
peine aurez-vous relevé les ennemis de la Patrie,
qu'ils vous renverront fans pitié. --- Laiffez la réputation d'un grand homme; ne vous en flattez
pas; les tems font paffés où l'on admiroit un adroit
frippon, aujourd'hui il faut des vertus, & l'horrible entreprife d'affamer & d'empoifonner un peuple qui imploroit vos foins paternels, vous rendra
pour toujours l'exécration des François, l'opprobre
du genre humain.

Quant aux hommes qui penfent, il y a long-
tems qu'ils vous ont apprécié; ils vous regardent
comme un heureux intrigant, un adroit faifeur
d'affaires: mais vous venez de déchirer le voile
qu'ils ont foulevé; vous vous êtes mis à votre place, & vous n'êtes plus à leurs yeux qu'un fourbe
du premier ordre, le Tartuffe par excellence, le
Roi des Charlatans.

Aveuglé par votre folle paffion, vous avez re-
noncé aux jouiffances de l'adminiftrateur intégre,
pour le clinquant de l'homme en place; aux hom-
mages d'une nation puiffante, pour les cajoleries
des ennemis de l'Etat; aux bénédictions du public, pour les fourires de la Cour: votre regne eft
fini, votre chûte eft prochaine, vos grandeurs s'é-
vanouiront comme un fonge: aucune douce ré-
flexion ne vous confolera dans votre difgrace; il
ne vous reftera de votre élévation aucun fouvenir,
que celui des maux que vous avez faits; & vous
n'emporterez dans votre retraite que les malédic-

tions des infortuués, le mépris des sages, la haine des gens de bien.

Mais en attendant que vous y alliez ensevelir votre honte & votre désespoir, les amis de la patrie doivent sans cesse avoir les yeux ouverts sur vous. Redoutable ennemi de notre liberté, quel autre posséda comme vous l'art d'en imposer sous le masque de la bonne foi, quel autre que vous auroit assez d'assurance pour tromper perpétuellement le peuple, quel autre que vous auroit assez d'astuce pour l'enchaîner, quel autre que vous auroit assez détenue pour ne point lâcher prise ? Vous l'avez immolé à votre ambition. Que nos ennemis consentent à laisser dans vos mains les rênes de l'état, & vous êtes prêt à renouer les fils de leur trame odieuse, & vous êtes prêt à rétablir les ordres privilégiés, & vous êtes prêt à sacrifier les deniers de l'état à la foule innombrable des déprédateurs, des comcussionnaires, des satellites, des espions, & vous êtes prêt à payer des dons faits à la patrie, les hommes atroces qui cherchent à l'anéantir, à remettre au monarque le sceptre de despotes, à nous replonger dans l'abîme.

Si cet écrit ne suffisoit pas pour dessiller les yeux de nos aveugles concitoyens, ma plume est libre encore, & tant que vous serez au timon des affaires, elle vous poursuivra sans relâche : sans cesse elle dévoilera vos malversations, sans cesse elle éventera vos projets funestes, sans cesse elle publiera vos attentats; pour vous ôter le temps de machiner contre la patrie, elle vous arrachera au repos, elle rassemblera autour de votre chevet

les noirs foucis, les chagrains, les craintes, les
tranfes, les allarmes, jufqu'à ce que laissant tom-
ber de vos mains les chaînes que vous nous pré-
parez, vous cherchie vous même votre falut dans
la fuite.

F I N.

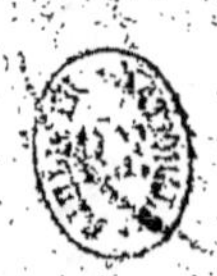